K.G. りぶれっと No.16

こどもに命の大切さを伝える

日野原重明・野田正彰・井垣康弘・磯貝曉成

目次

【基調講演】

日野原　重明

命とは何であるかを子どもに教える

今日ここにお集まりの満堂の皆様方に、私のメッセージを差し上げる機会を与えられましたことは、そして関西学院中学部の卒業生として七七年後に再びこの講壇に立ってメッセージを差し上げるということは、私の九五年の人生で最高のチャンスであり、もう死んでもいいような気持ちを持つわけでありますす。ただ私は五年先には小澤征爾さんと一緒に広島から平和のメッセージを送る音楽会を開く約束もありますし、一〇年後には森光子さんの「放浪記」をもう一度見なくてはならないので、死ぬわけにはまいりません。

今日は、子どもたちにどうやって命というものの真の姿を伝えることができるかについて、メッセージを差し上げたいと思います。皆さん既にご存じかもしれませんが、私は一九年前にＮＨＫの番組で神戸の諏訪山小学校を訪れ、授業をしました。そのときに神戸の栄光教会に行って久しぶりに礼拝堂でオルガンを弾いたわけですが、ＮＨＫのカメラマンは私の演奏をこっそり撮って、それから諏訪山小学校で子どもたちに命の授業をする密着取材をしたわけです。

私は聴診器を四〇個持って行き、子どもたちに聴診器の使い方と血圧計の測り方を教えました。すると、子どもというのは本当に耳がいい。大人はやかましいと聞こえないから「静かに」と言いますが、子どもはがやがやする中でもきちんと友達の心臓の音を聞くわけですね。ですから六〇、七〇の難聴の先生が血圧を測るよりも、子どもが血圧を測った方がよほど確かであると感じました。

そして、人間が生きていることを示す、専門用語でバイタルサインと申しますが、バイタルサインを子どもに聞かせて、これが三分止まれば蘇生術をしても遅い、三分間血液が脳に行かなければ脳死の状態になるということを教えました。子どもたちはよくわかってくれたので、子どもに命を教えるにはやはり命を支えるための心臓のポンプの話もすべきだとそのときに思いましたが、それから一四、一五年経って、私は心臓の働き、バイタルサインを教えることよりも命とは何であるかということを子どもに教えるべきだと考えるようになりました。

今、六年間の医療教育を大学で受ける人は、人間の体の仕組みは学びますが、命のことはあまり学んでいない。心臓や肺の動きが順調にいくような生理学や病理学などは学んでも、人間を支えている命についての教養はあまりない。医師が患者を診る場合には、患者の持っている肺臓のがんを診たり、心筋梗塞を診るのが医者だと教育されています。

私は五九歳のときにハイジャックに遭い、四日間を生死の境で生活して無事に帰りました。帰ったときに思いましたのは、これからの私の命は「与えられた命」。そういう意味で、生まれつき持っている命と与えられた命という、第二の命の自覚が、あのようなクリティカルなシーンにぶつかって初めてわかったわけです。

ハイジャックからしばらくして朝日新聞を読みました。心理学の今田恵先生[注1]が書かれた論説の中に、ユダヤ人哲学者、マルティン・ブーバー[注2]の「人間には二つの自己がある」という話を紹介されていました。一つ目の自己は「私とあなた」。つまり私とあなたの人間関係といった命です。もう一つは医師が直面するように、診ているのはあなたではなく、がん細胞を診ている、動脈硬化の組織を診ている。それをブーバーは「ich und es」（「I and it」）と表現した。

ですから、医師は天使の心と悪魔の心、二つ持っています。学会で一〇〇例の膵臓がんを報告したいというときに、あと五例あれば一〇〇例に達するからどうか今日は膵臓がんの患者が来てほしいと願う。そして、それらしい患者が来たら、もう他を放っておいてでも調べて、膵臓がんが確定したら、「やったな」と思う。そういう気持ちで学問的な研究をする。私は、関西学院の院長をされた今田恵先生からブーバー

注1　（いまだ・めぐみ）関西学院大学名誉教授。第六代関西学院院長、理事長。一九二一年関西学院専門部文学部の教員となり、心理学研究室を創設。ウィリアム・ジェームズを中心にアメリカ心理学を研究、日本の心理学の建設期に貢献した。

注2　（Martin Buber）オーストリア出身の哲学者、社会学研究者。

の哲学を教えられ、目を開く機会が与えられました。

また、中学で最初に受け持っていただいた矢内正一[注3]先生にも非常に影響を受けました。矢内先生は少年たちを弟のように教育してくださった。矢内先生の若い人を愛する気持ちや愛の精神に対して非常に感動しました。

私は関西学院に入学して、B組の級長にされました。理由を後で聞くと、成績が二〇〇人中二番で入学したというんですね。関西学院では、宗教的な雰囲気の中に、毎日礼拝があり、礼拝堂には「Mastery for Service」[注4]という言葉が揚げられている。そして、私は二年生からチャペルのピアノの讃美歌をいつも弾く機会が与えられました。一〇歳のときに病気をして一年間運動を禁止されたので、ピアノを習い始めました。病気のおかげで私は音楽を身につけることができたわけです。

本当に大切なものは目に見えない

諏訪山小学校で命の授業をしてから、心臓の働きだけではなく、命とは何であるかについてどういう言葉で表現すれば子どもたちはわかってくれるだろうかということを考えました。そして一〇年前。子どもたちに「君たちの持っている命は見えないだろう?」と尋ねると、「見えない」。でも「どこにあると思う?」と聞くと、賢そうな子どもが「ここにある」と言って心臓を指すので、「それは心臓で酸素や栄養分のある血液を脳に送って人にものを考えさせ、手足に血液を送って手足を動かせるための『モーター』。だから、これは止まれば命はなくなるんだけれども、モーターである心臓が命ではないんだよ」

と言いました。

子どもたちは非常に当惑します。でも、「君たち自分の命を持っていると思う?」と重ねて聞くと、みんなが「持っている」と言います。それで私は申します。「本当に大切なものは目に見えないものだよ。君たちが大きくなって『星の王子様』を読んだらきっとわかるだろうけど、王子様がいよいよ星に帰らなくちゃならないときに友達のキツネさんが『王子様、忘れてはならない』と言った。そして、バラの花を渡しながら『本当のものは目に見えないものだよ』と続けたんだ」。私が子どもたちに、「君たち風が見える?」と聞いたら、「見える」と。「どうして?」と尋ねると、「梢が動いているから」。「それは風じゃない。風の影だ。梢が動いている、雲が流れている、だから風があると思うけれど、風が見えないように君たちの命は見えないんだけれど、君は確かに持っているんだよ」と。

そしてさらに子どもたちに聞いてみました。「ところで君、朝から今まで何をした、朝何時ごろ起きた?」――「六時に起きた」。「君は?」――「朝ご飯を食べた」。「あなたは?」――「私はバスで学校に来た」。「君は?」――「授業が始まった。お昼になると給食をもらった。午後はグラウンドに行ってサッカーをやったりバスケをやった。そして帰っておやつを食べ、食事をし、宿題をし、テレビを見て、

注3　（やない・まさいち）関西学院名誉中学部長、理事長。一九二四年関西学院中学部の英語教師となる。一九四七年新制中学部初代部長に就任、定年退職するまで一八年間部長を務め、中学部教育の礎を築いた。
注4　「自己の利益のためにではなく社会への奉仕のために実力を磨かなければならない」とする関西学院のスクール・モットー。第四代院長のC・J・L・ベーツが提唱した。

九時ごろ休んだ」。「九時から何時まで寝た?」――「九時から六時まで寝た」。ああ、九時間も寝ている……。

自分の命を自分以外のために使う

「君たちは、君たちが使える時間を持っているだろう。君たちは朝から君たちのために食べ、君たちを運ぶためのバスに乗り、君たちが賢くなるために授業を受け、君たちが運動ができるようにバスケをやったり、サッカーをやった。そして帰ればおやつをいただき、夕食をいただいたけれど、これは君たちのために食べているんじゃないの? 人のためじゃないんだろう。君たちの持っている時間、その時間を君だけのためにずっと使っているじゃないの、朝から晩まで、寝るまで。君たちは使おうと思えばいつでも使える命をずっと自分だけのために使っているんじゃない。そう思わない?」――「そうだと」。「君たちの命は君たちの使える時間だけれど、その時間を自分以外のことにも使えるということを考えないの?」と言ったら、子どもは光を見たように目を輝かせます。

私は、「これから君たちの時間を何のために、どう使うか、作文に書いて出してください」と言いました。すると、「もっとお母さんの言うことを聞いてお母さんのために仕事をしよう」「道端が汚れていればお掃除をしよう」「南アフリカの子どもたちは食べるものがなく死んでいく子どもが多いけれど、私たちはあり余るほど持っている。何とかできないか」などと書いてきた。子どもがこれからもっと自分の使える時間、命を自分でないことのために使おうということを考えて、原稿用紙で二、三枚書いてくるのを読みますと、一〇歳でもこのことがわかる。四五分間の授業でですよ。今大学に行くと、関西学院大学の学生はわかりませんが、東京のいろんな大学へ行って講義をすると、もう五分ぐらいしたらこうして（寝てしまう）……。私は今、うつむけ療法というのを勧めております。熟睡するのにうつむけの方が仰向けよりもいいというんですね。枕を抱えて寝るのですが、大学生はよく知っていますよ。うつむいたらよく寝られることを……。

私は北海道から九州まで二〇ぐらいの小学校を回っています。リンゴやレモン、ナス、ピーマンなどを持って行って、子どもたちに「君の心臓と同じサイズの果物を取ってごらんなさい」と取らせています。子どもたちは自分の心臓のサイズをよく知りませんから、これぐらいだろうと思って大きなリンゴを取った女の子がいました。だから「あなたの心臓はあなたのこぶしの大きさだからね、こんなに大きくないだろう。あなたが高橋尚子選手のように毎日四〇キロを走っていれば肥大してこうなるけれども、そうでなければちょっと大き過ぎる」。そして、みんな果物を自分のシャツの裏に入れて、心臓とは違う位置に当てるから、「ちょっと違うよ、ここだ」と教える。

日野原 重明 氏
（ひのはら　しげあき）
聖路加国際病院理事長
1911年山口県生まれ。29年関西学院旧制中学部卒業。37年京都帝大医学部卒業。41年聖路加国際病院の内科医となり、内科医長、院長等を歴任。専門は心臓病。現在、聖路加国際病院名誉院長・同理事長、聖路加看護大学名誉学長。著書には『十歳のきみへ』（富山房インターナショナル）、『生きかた上手』（ユーリーグ）等多数。2005年文化勲章受章。

そして、心臓の音を聞かせるわけですが、本当は聴診器よりも直接耳を当てた方がよい。昔のお医者さんはみんな耳を当てたものです。それで音が聞こえなければ心臓は止まっている。その上をどんと殴る。その反動でまた打ち出す。この最初の蘇生術が有効です。人を殴っていいのは止まった心臓を殴るときだけで、それ以外はだめです。

自分だけが幸福ではすまない

私はこの四月にシュバイツァーが医療活動したアフリカ・ランバレネ[注5]の病院に行きました。シュバイツァーは二〇歳のとき、目が覚めたらとても爽やかな青葉があり、鳥がさえずって、非常に幸福感を持った。しかし、この幸福感を自分一人のものにしていいのかと考えて、三〇歳までは好きなことをやろうと決めた。音楽をする、パイプオルガンの名手になる、神学や哲学やゲーテを研究する。でも三〇歳になったら自分の幸福を投げ打って、医学校に入って六年間勉強した。そして二年間の研修後にナースの資格を持つ奥さんと結婚して、一緒に赤道直下のオゴウエ川を上って、六〇年間、原住民のために医療活動をした。薬もない場所で、欧州に帰ってはバッハのパイプオルガン曲を弾いて、お金を集めて薬を買って、そしてまた戻るという生活を数十年繰り返し、最後にはノーベル平和賞をもらいました。自分だけが幸福ではすまない。彼は少年時代、生き物に対する愛着が非常に強くて、アリ一匹も殺すことができなかったと自叙伝に書かれています。

シュバイツァーは、アフリカのオゴウエ川をさか上って、二日も三日もかけてランバレネへ行くときに、ワニが現れてカヌーを動かしたのを見て、神様はこの地球にこれだけの生物をつくっているのだから、命というものは人間だけのものではない。そして命というものの尊厳さをその時直感的に感じて、以後医療活動奉仕の生涯を送りました。

私は医者になるときにシュバイツァーの伝記を読んで非常に心を動かされました。ですから、子どもたちの心をゆすぶる命のメッセージを送りたいという気持ちを持っていました。私は一〇歳のときに腎臓炎で運動ができず、病気になったけれども、神様からピアノを弾く機会を与えられました。大学二年生のときには、結核で八カ月間トイレも行けないほどの高熱で休んだけれど、音楽を聴きながらメロディーを五線紙に写すという学習をしました。

卒業後、結核の後遺症があったから精神科医になろうと思ったら、精神科の教授は「精神科でも身体の病気を持つ人が来るから二年間内科をやりなさい」と言われて、それで内科に行き、循環器内科に入りました。心臓の音で研究をしようと思ったのですが、外国には立派な研究があるから、みんなのしないことをやろうと思った。それでマイクロフォンを胸に置かずに心臓が一番近い食道の中に入れたら、食道と心臓とは密着しているからおもしろい音が出るんじゃないかなと思ってマイクロフォンをつくる研究に入りました。一年後にやっと今の内視鏡みたいな豆マイクロフォンをつくって心臓を後ろから聞いたら、「トントン」のほかに「トトントン、トトントン」という心房の音が聞こえた。私の学位論文

注5　アフリカ大陸の西海岸、赤道をまたぐ位置にあるガボン共和国の内陸都市。シュバイツァーの医療活動の拠点となった。

はこうして早くできたのです。

病むことによって学ぶことができる

論文が早くできたので上京しようかと思っているときに、聖路加国際病院が心臓を専門にしている若い医者を求めていると知り、応募しました。それからもう六九年間。今でも患者を診ています。患者というのは心と体の病を持つのだから、人間というのはすべて病人なのです。生まれたときからがんの遺伝子を持ったり、痴呆の遺伝子を持ったり、動脈硬化や糖尿病の遺伝子を持っているのだから、すべて人間というのは「病む生き物」です。

一昨日に対談した星野富弘[注6]さんという元体育の先生は、二四歳のときに頸椎を損傷し、首から以下すべて麻痺して手足が動かなくなった。七年後にやっと唇に筆を挟んで片仮名、漢字、詩を書き、それから絵を描き出しました。他人が考えたら、こんな不幸な人はいません。にもかかわらず、彼は生きることの喜びを、神様が私に隠れた才能を発掘させてくれたと言っています。

病むことによって人間というのはリバイバルします。病むことによって学ぶことができる。そういう意味で、私たちは体が病気でも健やかな心を持つことができる。それが本当の健康です。病気がなくてもぐずぐずしている人はたくさんいます。人間ドッグに入って一日に五万円も払って、「別に大したことないですよ」と言われるとみんな不機嫌そうに「何か言ってくれ」と言います。損したように思う。ですから、大したことがなくても不健康感を持っている。それに対して、どこかが悪くても朝起きたときに、皆さん今日、朝起きて関西学院で私の話を聞くんだというと爽やかな気持ちをもたれませんでしたか（笑）。ご主人に「いつも遅寝しているけれど、今日は何かさっぱりして早くから起きているじゃないか」と言われる。病んでいても健康感があるわけです。

戦争中は物がなかった。ちょっとした角砂糖でも、白米でも、「これはみんなで分け合おう」と思った。貧しいときにはちょっとしたものでも幸福でした。子どものとき、クリスマスのプレゼントにクレヨンと消しゴムとキャラメルとリンゴが長いストッキングに入っていた。朝早くそっと起きてサンタが持ってきた贈物だと思って興奮したものです。いま子どもに何かあげようかというと、金をくれと言います。今の子どもはとても高望みをします。何でも自分のため。幸福というものは、豊かになるとハードルが高くなって幸福感はないけれども、貧しいとちょっとしたことで幸福感を感じます。聖書にもあります。本当に貧しい者は恵まれると。今の日本は豊かになっているけれども、心は貧しいのです。

教育というのは命を教えること

これからの子どもたちには心を教えること以外にはない。教育というのは命を教えることです。私は数年前から寿命というのは年の長さではなく、生かされている命が寿命であると考えています。ですか

注6　（ほしの・とみひろ）詩人、画家。中学の体育教師をしていた二四歳のとき、クラブ活動で宙返りの指導中に頸椎を骨折して首から下がマヒ。入院生活中にペンを口にくわえて絵を描き、詩を書く練習を重ね、詩画集『四季抄・風の旅』を出版。以後、新聞、雑誌などに連載多数。

ら、ただ長生きをするのではなく、皆さんでも長生きをしたい人は過去に失敗があり、人に迷惑をかけ借金があった人は長生きしてその借金を払ってください。借金がない人は若く死んでもいいんですけどね（笑）。キリストも三三歳で亡くなられましたが、後世に非常に大きな影響を残しています。でも、普通の人はできないから、長生きして世の中に返せないとどうしようもないわけですが……。

私は寿命というのは、長く生きることではなく、命の質（quality of life）をよくすることだと思います。子どもにこのことを知らせるのにはどうしたらよいかと思い、『十歳のきみへ』（富山房インターナショナル）を書きました。

私が命を感じたのは一〇歳のときです。当時八八歳の祖母が笑顔で亡くなったのです。息を引き取る前に「この家にみんなと一緒に住めて、ばあちゃんは幸福だったよ。ありがとう」と言った。人生の最期に「ありがとう」と言うことができれば、それこそが人生の勝利だと思います。これを見守る人は祝福される。ああなりたいなと。物を持って豊かに死ぬわけではない。だから、名前を言ってもわからない、主人の年齢もわからないような痴呆の患者さんでも、「ありがとう」と言う人がたくさんいます。そういう意味で、痴呆の人でも感謝する気持ちが残っているのは、神様から与えられた賜物だと思っています。

子どもに、いじめを受けても「仕返しはしないから今度からやるなよ」と辛抱することを教えれば、一〇歳の子どもが二〇歳になったときに、一〇歳のときに書いた「僕はこれから殴り返すことはやめる」という作文を読み返せば、戦争がない世の中にしようと思うでしょう。私は老人の会を指導していますが、会の最終目標は孫やひ孫に平和を教えることです。そういう意味で、『十歳のきみへ』は、これから平和を築いてほしい子どもに私たちのすべてを投資する意味で書いたわけですが、読まれた大人は、子どもだけじゃない、これは自分の問題だということが、きっとわかるのではないかと思います。

子どもの教育はまず家庭

関西学院が今度小学生のための初等部を持たれることになった。子どもの教育はまず家庭です。それから学校です。学校と家庭がどのようなリンクを持つかということをＰＴＡの人は学び、よい家庭をつくる。そして学校はよい家庭がつくられるために何を教えるかということを考えなくてはならないけれど、この宇宙をつくった大きな力、この大きな力があるという神の業を私たちは厳粛に感じながら、「命は誰がつくったんだろう?」と、命のつくり主を考えた。人々のために犠牲になって亡くなられたイエスの十字架を偲びながら、私たちは友のためのその命を尽くす。これより大いなる愛はない。愛というのは「ゆるす」ということと、自分の命までも捨ててその命を「たすける」ということで、戦争などとは全く違う世界です。

皆さんのお子さんやお孫さんが平和と命の大切さをどんな学校で学ぶのか。宗教教育なしではできないのに、国は宗教教育をやめています。つまり私学しかできないわけですね。私学だといい大学に入れるというのではなくて、人間形成の基礎が小学校でされるんだということを知ってほしい。

教育のためにもっと消費税を高くする。どの政党もぼやかしています。谷垣（前財務相）さんだけは税率を一〇%と主張して、総裁選に立候補する前に私のところへ意見を求めに来られた。私は、「あなた勇気あるよ。一〇%では少ないよ。もっと福祉と教育と医療のために出してほしい。元気な人が六五歳で年金をもらうなんてとんでもない。七五歳に底上げをする。六五歳でからだの悪い人は介護ではなく病人だから、医療費を使えばいいんだ」と私は言いました。あの人が総理にでもなったら、私を最高顧問にするかもしれません（笑）。

これから年を取る人が何をするか？　自分の将来ではないのです。若い世代に何を伝えるかというメッセージです。それが『十歳のきみへ』のメッセージであり、君が持っている今の命、そうして君が成長して持っていくであろう命を、何のために奉仕するかということを教えるためには、宗教なくしては、本当のことは考えられない。そう思っております。

子どもの言っている言葉がわからない、そんなことではだめですね。子どもにEメールの打ち方を教えるぐらいスマートに、老人ももっと若くなってほしいですね。もっともっと老人が姿勢よく歩く、歩き方から考えないと。体のスタイルは大切ですから、私もこのごろ少しスタイルを考えるようになりました。一〇月四日の私の誕生日にはスタイリッシュな私をプレゼンテーションしようと思っております。

どうもありがとうございました。

第一部・対談

日野原　重明×野田　正彰
【司会】阿久沢　悦子
朝日新聞記者

共同の中で自分をどう生かすかを教える

阿久沢　最近、一〇代の子どもが家族を傷つける事件などが報道されていて、親としても心配しています。まず日野原先生に子どもに伝える事例の中身についてお聞きしたいのですが、先生が家族について話をされたときの子どもたちの反応というのはどんなものなのでしょうか。どんな話をされるのか、そして子どもからどんな反応が返ってくるのか、教えてください。

日野原　私は子どもに話をするとき、一〇歳の子どもに四五分間話をする場合と、一年生から六年生までの子どもを一緒に集めて話をする場合とでは、別のやり方をしています。一〇歳の子どもにだけ話をするときは、子どもたちの持っている命について主に話しますが、一年生から六年生が一緒になると、一年生にとって六年生のお兄さん、お姉さんというのはとても大きな存在です。ですから、大人が考えているよりも子どもは非常に差を感じています。よく女性が「おばちゃんじゃない。お姉ちゃん」と子どもに言わせるでしょう。本当は「ババ」と言いたいんだけどね（笑）。子どもから見たらそれほど差があるわけです。

子どもの教育は、子どもだけで、同じクラスだけでするのではなく、前後のクラスの子どもと一緒に話をすると、その関連性を感じることができます。一緒に遠足に行ったり、いろんな物を作ったりすると、一年、一年で随分違うということを小さな子どもはよくわかって、早くお兄ちゃん、お姉ちゃんになりたいという気持ちになる。そういうグループダイナミクスを考えながら、トピックスをいろいろ上手に話すことが必要ですが、日本は一定の幅の人だけに教育することに慣れているので、どうも幅の広い子どもの支援がない。今、ほとんどの子どもは一人っ子です。だから、きょうだいの感覚を知らない。学校でも同じクラスだけ。だから、もっと違ったお兄さんなり、お姉さんなり、あるいは妹や弟が一緒になるようなグループ活動の中に子どもを入れると一番いいし、できれば家族でも二人以上の子どもがいた方が親は教育しやすい。子どももお姉さんやお兄さんから教育されます。時にはけんかにもなりますよ。でも、けんかになっても、子ども同士の対話は必要なんです。そういう意味で、これから小学校をつくるときには、もう少しクラスを交ぜて共同作業をすることが必要だと思います。子どもが共同の中で自分をどう生かすかを教える人間教育をするわけです。

日本では少子高齢化がますます進み、生産人口も落ちている。日本の産業は大変です。生産力が落ちるわけですから。老人も働かなくてはいけない。しかし、若い世代は次の世代をつくるわけですから、もう少し子どもや教育のために、教育費や医療費など福祉的なものをもっと消費税を上げることによって豊かにして、家庭が複数の子どもを持つことが当たり前にすることが必要だと思います。

野田　この間、麻原彰晃の鑑定をしました。その後に日野原先生もご存じの秋本波留夫先生が鑑定をされました。秋本さんは一〇〇歳で、「私は少し死ぬのを忘れているのかな」と言っておられます。そういう長生きをされている方が人間の生命のすばらしさを話されて、日野原先生も結核を乗り越えられて、元気にされている。

野田 正彰 氏
（のだ　まさあき）
関西学院大学教授
1944 年高知県生まれ。専攻は比較文化精神医学。長浜赤十字病院精神科部長、神戸市外国語大学教授などを経て、2004 年から関西学院大学教授。平和学「広島・長崎講座」、「災害救援学」講座等を担当。著書には『共感する力』（みすず書房）、『陳真－戦争と平和の旅路』（岩波書店）等多数。

日野原先生はずっと、生きていることはすばらしいという実感があって生きてこられたのだと思います。家族の関係でも同じではないでしょうか。命の大切さを教えることの前提に家族同士が一緒に生きていく。一緒に生きている時間はそんなに多いわけではありません。二四時間の中で、みんな別々に生活をしている中で、それぞれの家族の構成メンバーが生きていることのすばらしさを伝え合う。例えば友達と昨日けんかしたことなども含めて、そういうものを持って帰ってきて、コミュニケーションすることの中にすばらしさがあって、そこからほかの人たちへの命の大切さというものを伝え合っていくということかなと思って、日野原先生の話を聞いていました。

日野原　私は男三人、女三人の六人きょうだいです。昔は六人でも少ない方でした。昔はいろいろな年代の子どもがいる中で家庭の教育はされていました。それがだんだん少子化が進み、お父さんやお母さんも教育がしにくくなったと言います。

私も当時は、一人っ子だったら自転車を買ってもらえたのにとか、いろんなことを思いましたが、後になればなるほど六人きょうだいでよかったなと思いました。私には女性のファンが多いでしょう(笑)。理由の一つは姉と妹がいたおかげで女性のサイコロジー（心理）を知っているからです。私は女の子の遊戯、お手玉でも編み物でも何でもできた。だから、女性のこともよくわかっているんですね。子どものときの体験学習をするわけです。お説教ではだめですね。やっぱり体験によって、体験の場として家族はあるわけですが、少子化になってくるとそれができない。代わりに学校がどれぐらい補ってくれるかが問題になってくるわけですね。

子どもと一緒に時間を過ごす

阿久沢　核家族化で体験の場が少なくなっていくと、これからどういう場をつくっていったらいいのでしょうか。

日野原　一人っ子でもうまく教育をしている知人がいます。その人は勤務先から帰宅したらすぐに子どもと三〇分ほど、肩を抱くようにして、「今日ね、ジロウ君どうだった。あの学校のウサギはどうなった。ハナちゃんはどうだった」とか言って、子どもの友達の話を聞くんですね。そして「ママは今日は忙しくて、コンピューターがだめになって、それでいろんなことがあってゴタゴタしてとうとう昼食もできなくて、とても疲れて帰ってきたのよ」と言うんです。仕事の話を子どもにぶつけるわけです。そして、子どもから学校の友達のことや学校で飼っているウサギのことなどを聞くことによって、お互いの今日一日の生活を一緒に学んで、食事をする。子どもが勉強するときも「ママ、これどうするの？」と聞かれたら、「塾の先生に聞きなさい」とは言わずに一緒に百科事典で調べて、「ママもわからないから、またインターネットで調べようよ」と一緒に勉強している。

そういうお母さんであればいいのですが、やはり子どもに自分の時間を与えないといけない。愛するというのは人に時間を与えることで、物ではだめです。一緒に時間を過ごすことです。時間というのはいろんな命を持っています。時間というのは二人の関係のメジャーのようなもの。だから時間を惜しむことはよくない。自分

【司会】阿久沢 悦子 氏
（あくさわ　えつこ）
朝日新聞大阪本社生活文化部記者

1967年、横浜市出身。90年テレビ朝日を経て、朝日新聞入社。鳥取、神戸支局から大阪本社学芸部へ。神戸時代に阪神大震災で被災、今年3月まで地元で震災10年の関連取材を手がける。神戸市在住。小学生2児の母。

一人で使う時間というのは、虚しいですからね。時間というのはなるべく共有することが必要だと思います。

阿久沢　私も早く帰れるように会社と交渉してみたいです（笑）。野田先生は、子どもといることの豊かさを社会があまり享受できていないのではないかという問題提起をされていますが、その辺を少しお聞かせください。

野田　一人っ子の問題というのは八〇年代からです。子どもが小さいうちはお母さんがいろいろつき合っていますが、一方で子どもに過剰にかかわったり、子どもに押しつけたりしてはいけないということを今の親はよく知っていますから、そのかわりに全部お膳立てするんですね。塾を幾つか選んできて、「あなたどうするの？」とか聞くわけです。買い物に行っても例えば服を買うときにも押しつけてはいけないから、それとなく母親の着てもらいたいような服を指示しながら、一つを押しつけずに、二、三を提示して「どっちにするの？」と聞く。そうすると、子どもは六、七歳ぐらいになってくると、いつも配慮されているから、「こっち、あっち」と言って、そのうちに「別に」と言うようになる。自分の意欲というものが持てなくなるわけです。そういう問題が非常に大きくなってきました。

そして自立の時間を認めるころになったら、今度は子どもを道具的に見るようになる。成績が幾ら上がったとか、長いことお手伝いをしたとかいうように、だんだん成長していく子どもと同じ時代を生きているということを喜ぶ視点が非常に少なくなってきていると思います。

これは非常に特殊な日本の現象ではないでしょうか。経済的に大変困難なアジアの国々の子どもたちや、中東の子どもたちの方が、生きていることを家族と一緒に喜ぶということが非常に強い。だから、親子関係が非常に道具的になって、日野原先生の先ほどの話では心臓の「it」ですね、物としての心臓であって、生きていることのかかわりが家族の中で見えなくなっている。それは家族の責任というよりも、そういう社会がつくられていくということで、跳ね返すには相当な努力を要すると思います。

阿久沢　日野原先生が子どもたちに教えている中でとても印象深かったのは、「ゆるす」ということを教えていらっしゃることです。子どもたちは命についてとてもナイーブに受けとめていて、神戸市は阪神・淡路大震災の被災地ですから、実際に話などを伺っていると、それぞれに「生かされている命」だと感じたりして、よくわかっていると思いますが、半面、子どもなりの、あるいは大人の今の風潮を感じているのか、割と簡単にテレビを見ながら「こんなやつ、死刑、死刑」とか言っていて、「ゆるす」というところになかなか行き着けない。先生は子どもたちに具体的にどう伝えていらっしゃいますか。

自分が変われば相手も変わる

日野原　「ゆるす」ということは非常に難しいことです。子どもに教えるのはちょっと不可能でしょうね。大人が許さないように、自己防衛の態度が育てられてきたから。子どもが親の夫婦喧嘩を見て、お父さんとお母さんに「もっと許し合ったらどうか」と言ったらどうなりますかね。子どもは夫婦が口論しているのを聞いていて、まあお互いに言っているんだなというふうに思っているけれど、夫婦がどういう場面で和やかになるかを見ている。誰かお客さんが来たらころっと態度が変わって非常に和やかになりますよね。そういうことを子どもは見ている。見ている中で、子どもは学んでいるわけです。

いくら年配になっても人を「ゆるす」ということは難しい。でも、相手にこうやってくれというふうに、団体交渉をしている労使の間で、相手にこうしろとか言っても相手にもできない理由があるからしない。ですから、私は初めから相手を変えることは難しいだろうと思ったんです。言っても無駄だと。それだったら、自分を変えた方がいいんじゃないかと思った。英語でいえば、initiatives for changes という言葉です。自己を変えることは、自分が変えようと思えばできる。そうすると、こちらが変えると向こうは非常に変わります。例えばご主人が疲れて帰宅したとします。外で酒を飲んでいたかもしれない。すると、「またうちの主人はどこかに寄って飲んできたな」と、奥さんがいろいろ言います。ご主人が「帰ったよ」と言ったときに、奥さんは低くて小さな声で「おかえり」と返す。その声を聞くと、「俺は働いて疲れているのだから、やさしく『おかえり』ぐらい言ったらどうか」とご主人が言う。ところが、奥さんもお孫さんが来たときにはやさしく「おかえり」と言うじゃないですか。だから今、私は夫婦関係がよくなるためにシミュレーションの指導をしています。

オーケストラの調子合わせのときに、コンダクター・マスターがバイオリンで「ラ」の音でチューニングをします。「ド」ではなく「ラ」で合わせるんです。どうして「ラ」で合わすかということを私は考えていました。ビオラでもチェロでもフルートでも「ラ」で合わすでしょう。「ド」というのは何となくあまりさえない音なんです。でも「ラ」で合わすと心が通じる。だから、皆さん今日帰ってご主人に会ったときに「帰りましたよ」とただ言うんじゃなくて、「遅くなったけど帰りましたよ」というふうにやさしい言葉を皆さんがかける努力をすれば、関係はすぐに改善すると思います。

子どもにマナーを教える

日野原　一人っ子だったら甘やかすことがあると思います。何でも与えて、厳しさがない。しかるときにはちゃんとしからなくてはならないけれども、今はしからないですね。しかったら反抗するからです。何ともふにゃふにゃしていて、お父さん、お母さんらしくないですね。その理由の一つは、お父さんやお母さんでも自分の行状にあまりよくないことがあるのを知っているからです。子どもに自信を持って言えないということがあるんですね。みんなそういうことがあって、今は親子の教育やマナーが全然なっていない。

食事のマナーはとても大切です。自分が醤油が欲しいときに、「ちょっと醤油を取ってください」と声をかける。自分が塩を取りたいときには、誰かほかの人に「どうぞ」と先に言ってから塩をかけるといったマナーがない。手を出してすっと取って、しかも済んだら自分の前に置くんですからね。戦前の日本はお膳で生活を、自分のピッチで食べればよかったけれど、外国は全部済まないと次の皿が来ない。だから、いつもお客さんを呼ぶときには世話をする方は遅く食べて、お客さんのスピードに合わせないと、お客さんが遠慮してしまう。そういう相手の食べるピッチまでも考えて、そして自分が何か欲しいというときにまず自分ではなく、隣や向かいの人に「どうですか」と声をかける。

私がニューヨークやサンフランシスコへ行くと、ホテルで困ることがあります。日本人はエレベーターに乗るとすぐに閉めてしまう。自分が乗ったら閉めるんです。恥ずかしいですね。聖路加国際病院にエレベーターができたときに、すぐに閉めないように全部の「閉」ボタンをテープでとめたことがあります。でも夕方になると誰かが取っているんですね。一週間同じことを繰り返して、とうとうあきらめました。とにかく自分が乗ったらいいというのではなく、人のことを配慮することが大切です。

私が尊敬している人で、ハーバード大学の学長を四〇年間務めたエリオットという人がいます。関西学院大学の学長の任期は三年ですか？ これでは学長らしさを伝えることはできませんね（笑）。エリオットは数学の先生でしたが、三五歳でハーバード大学の学長になった。そして四〇年間も務めた。大学を辞めるときに彼は「ハーバードの若者よ、君たちは人を配慮することが習慣づけられた人間になりたまえ」と言った。人を配慮することは、こうしなくてはならないからするのではなく、人が立ったら反射的に立ち上がるというように、人を配慮することが習慣的になっている若者になってほしいというメッセージなんです。私はそれを読んで、やっぱり人を配慮することが大切だと思った。戦争というのは配慮なしに殴り合うことでしょう。

福沢諭吉が「学校は教えるところだけれど、家庭は学び」と言っています。学びというのは真似をするという言葉から出ている。だから親がきちんとしないといけない。今の日本は親子が一緒に食べることがなくなった。子どもは塾に行くから一人で食べる。お父さん、お母さんが遅く帰ってくるようになっても、どこかで会話をしてマナーを教えるようなことが家庭にないといけない。そういう意味で家庭と学校が互いに足りないところは何か、話し合うことが必要だと思いますね。

子どもの反抗期を成長の過程として喜ぶ

阿久沢　最近は子どもから反抗期が消えて、それが抑圧になって事件を起こすんじゃないかと言われています。先日も少年事件をレポートするテレビの特集番組を見ましたが、後で思い当たるところもあって不安になってしまいます。野田先生は、今の子どもから反抗期が消えたようにみえることと、今の社会との間にはどんな関係があるとお考えですか。

野田　ほとんどの子どもは一生懸命大人の真似をして成長していきますから、ゆるすことを知らないなんていうのもやはり大人の社会の反映ですね。例えば死刑制度にしても一二〇ぐらいある国のうちの三分の二以上は廃止されていて、ヨーロッパなんかは全部廃止されているわけですが、日本の場合はずっと非寛容ですよね。日本は古来から応報刑だったというウソを平気で宣伝されながら行われている。近年は死刑だ、死刑だというのが非常に強く出ていますよね。子どもはテレビをきちんと見ていますから、そういう意味では何か嫌なことがあると「お前は死刑」「あいつは死刑だ」となる。それはやはり子どももこの社会で生きていくのだから、学習しているとしか言いようがないですね。

人に対してそういう全否定することと、自分は価値がないとかいって自分を全否定することは、攻撃性という意味では同じです。ネット自殺などは、私は仕事上いろいろ読みますが、例えば自分なんて何の意味もない、遺伝子の乗り物にしか過ぎない、遺伝子は何億もあるのだから、私が持っている必要は

注7　チャールズ・エリオット（Charles William Eliot）。ハーバード大学学長。一九世紀後半から二〇世紀初頭にかけて学長職を務め、今日のハーバード大学の礎を築いた。

ない、とか言うんですね。だから、ネット自殺する人たちの文章を見ると、一切自分の私的な、どこに生まれたとか、どういう人間であるとか、お互いに言わないようにしている。そういうのも自分に価値を見出せないという社会ですね。

子どもに反抗期がないように、大人の社会でも反抗がないですね。過労自殺であり、過剰適応であり、政治というのはどこの国でも市民の抗議を恐れながら政治家は運営しています。戦前の日本の政治だったら米騒動体験というのが政治家の意識の中に強くありました。下手なことをしたら民衆は米騒動のときのように騒いだというようにね。今はデモもないし、抗議もされないし、やりたい放題という感じですね。

だから、結局子どもたちの反抗がないというのは、やっぱり大人たちが社会に過剰適応することの練習をしているわけです。反抗期というのは決して何でもかんでも暴力を振るうとかいうことではなくて、自分なりに生きようとするということを家族に示しているんですね。それを成長の過程として喜ぶ姿勢が親の中にないと、反抗期は生まれない。その面がない方がいいと思っていて、何か突然事件を起こすと反抗期がなかったから、そして近年はそれを脳の認知の発達障害だったという説明にして、すりかえているんですね。

だから、決して反抗してほしいと親は思う必要はないけれど、反抗をするような形で自己主張をしたり、自立心を持ってくれることを喜ぶという、そういう関係性を喜ぶ姿勢が家族の中にないといけないですね。

阿久沢　最後に日野原先生、子どもたちを育てる教育環境、一つは学校はどんなふうに変わってほしいか、壮大な夢でも構わないですが、医学教育だけではなくて、学校がどんなふうに変わっていかなければならないと思われているのか。また家庭はどんなふうに変わってほしいと思われているのかを教えてください。

日野原　学校は少子化になっているから、一人っ子が多いでしょう。だから、学校の中でお兄さんや妹などの教育を一緒にするようなチャンスを、一緒になってやるような行事をもっと増やすことが必要だと思います。

家庭ではもっと食事を中心に考えてほしい。食を快適にする。ですから、仕事でお父さんは宴会をしているといいますが、景気のいいときは宴会があったりしましたが、このごろはそんなに宴会はないはずなのに家庭を大切にしなくなっている。やっぱり努力して、家で週に三回は子どもと一緒に食事をする。友達から誘われても、子どもとちょっと約束しているから断るというようなことを公の場で、男社会の中でも言うと、尊敬されますよ。子どものことをきちんと考えているんだなと。

食べるということは大切です。物を食べるということの中に愛情とかマナーとか、あるいは教育とかいろんなことがでてくるんですね。そして、お父さんはお父さん、お母さんはお母さんで働いている職場の話もそこでみんな出してね。つらいことでも話してみて、みんなでシェアすることが、特に一人っ子の場合には必要じゃないかと思います。

一人ひとりの先生が思い切り働ける環境を

阿久沢　野田先生は、学校現場がどういうふうに変わっていけばいいと思われますか。

野田　私が今取り組んでいることは、学校がどうなっているかということを社会に伝えることです。マスコミはきちんと伝えているとは思っていません。私は、医者になるのも、精神科医になるのも希望でしたし、専門家になった後は社会のいろいろなことについて考える、それを自分の仕事にしようと思ったから、今そのことを変える意思はないけれど、ただ現状の中で何かしないといけないなと思うことが一つあるとしたら、学校の教育を変えるということはどうしてもしないといけないという思いがあります。それは、私がこんなモデルの教育をしたいということではなくて、働いている先生方の一人ひとりが思い切り働けるような教育行政をつくりたい。私が精神科の病院の中でしていた大きな仕事は、患者さんを診るだけではなくて、働いている若い医師も看護婦も、それから補助のいろんな人たちも含めて病棟を治療的な環境にして、各自がやりたいことをできる環境をつくることです。それが一番大事なことだと思っていました。

文部科学大臣や教育委員会の仕事は、「こうしろ、ああしろ」ということではなくて、有意な青年が教職を志望して来ているわけですから、その人たちが思い切り働けるような場をつくることが教育行政の仕事のはずが、今はみんな忘れていますね。先生方をこうさせるということだけを議論しようとしています。

教育というのは親が本来するものです。それが社会が高度化したから学校に行って先生に専門的に教えてもらっている。親も先生に対して感謝がなくなっている。自分の夫や妻に大概不満を持っていますよね。それと同じように、学校の先生もそれぞれ考え方もあるし、それを言っていければいいんですよね。不満なことを話し合ったりしながら。ただ働いてもらっている先生方に思い切り働いてもらえることを感謝する姿勢がないといけない。その辺が何かずれてずっと動いている。させる、させる、させる、でね。

その結果、子どもたちも先生と人間的な関係をつくれない。今はもう成績表をつけるとか、書類をつけるとかそういうことばかりですから、子どもの顔を見ているよりもパソコンのディスプレーに向かってうまく書いている先生の方が評価が高い。そういう状況を変えていくことは大事なことです。

今日ここに来られている方は、関学の初等教育を希望されている方が多いと思いますが、はっきり知っているはずです。私学は子どもとのつき合いがあって、あった上で学習が行われているから来たいと思われている。しかし、恵まれていなくて、そういう管理の中で生きている教育、そしてそこの中で落ちこぼれながら格差意識を非常に強く持って、何か非行を起こしたときだけ社会に目を向けられる子どもたち、そういった人たちがいることについて十分関心を持つことが必要です。私たちの大学のモットーである「Mastery for Service」の「Service」というのは、恵まれない人たちに関心を持ちながら、その人たちと対話していくということが教育だろうと思うんですね。第二部できっとその辺りの話が出てくると思います。

阿久沢　どうもありがとうございました。

第二部・鼎談

日野原重明 × 井垣康弘 × 磯貝曉成

子どもに大きなヴィジョンを抱かせる

磯貝　私たちは昼から日野原先生の話を聞いていますが、日野原先生は午前中、関西学院の中学生、高校生、千数百名に話をされました。ロバート・ブラウニング[注8]という方の詩を引用して話されたということですが、まずどのような詩の内容だったのでしょうか。

日野原　子どもたちにヴィジョンというのはどういうものかを話しました。私は父から中学生になったときに「重明よ、三つのVがある。一つはヴィジョンである」と教えられました。幻を持つこと。ヴィジョ

注8　イギリス・ビクトリア朝時代の詩人。物事の核心を複数人物が独自の立場から述べる「劇的独白」という技法を用い、人間の心理を深く追求した。

ンというのは医学的には目の力、視力のことを指します。視力を見るときにヴィジョンを見るという。医学的には視力ですが、普通は幻ですね。それを抱くということ。夢じゃなしに、もっと意味を持った目標を持つことをヴィジョンと言います。ヴィジョンを達成するためには勇気のある行動が必要である。勇気のある行動、それをベンチャー（venture）と言いますが、今はよくベンチャー企業というふうに言っておりますが、もともとベンチャーというのは勇気ある行動のことです。私たちは理屈で言っても行動できないことがありますが、行動する人はとにかく勇気はあるわけですね。そうして、ヴィジョンはなるべく大きいヴィジョンを抱いた方がいいということをブラウニングというヴィクトリア朝の宗教詩人が言っている。例えば私は九五歳だから、九五歳はあと何年生きられるかというと、統計では三年半です。ですから、九八・五歳で平均して亡くなるんですね。運がよければ九八歳になるとあと二年持ちますから一〇〇歳ですね。一〇〇歳になるとあとは平均すると一年半持つから、うまくいけば一一五歳ぐらいまで生きられるかもしれないけれど、大体それまでに亡くなるということですね。

だから、私は九五歳だから、もう終わりだから、聖路加国際病院の将来の構想というのもあまり計画していない。でも、将来東京オリンピックが開催されると、東京にはヘリポートを持つ病院がない。サミットが開かれるたびに外国の人から指摘されます。「今度のときには」といって東京では三回サミットを開きましたが、その度に「今度、今度」と先送りですね。アメリカ大統領からしかられるわけです。だから、私は二〇一六年のオリンピックのときにはきちんと聖路加国際病院にヘリポートをつくる案を今立てつつあります。二〇一六年というと、今から一〇年先だから私は一〇五歳にならないとそれを実現できない。それでも私はそのヴィジョンを大きく立てています。

ヴィジョンが大きければ大きいほど私が生きているときにはできないことは分かっているけれども、アーク（弧）ですね、私はその円のサークルの中の一つのアークになればよい。ですから、小さな円だとアークは二つぐらいで円は完成しますが、大きいとたくさんのアークがないといけない。私はなるべく手を広げて、これが大きな円になるようなことを今計画しています。お金についてはどうか、人間についてはどうか、どういう人材を養成してそれをやってもらうかということを考えている意味において、若いときはなるべく大きなヴィジョンを抱いてほしい。北大の農学校を創ったクラーク先生の「Boys be ambitious」＝「青年よ大望を持て」「大きなヴィジョンを描け」＝という言葉があるように、私は今日、生徒たちに、君たちは大きなヴィジョンを描くんだ、初めから小さくまとまらない方がよいと言いました。

それと同時に、円を完成するためにはアークの一部分になる人がたくさんいるものだから、一緒にしないと仕事はできない。共同作業は人間でなければできないわけで、人間というのは将来に夢を持ち、ヴィジョンを持ちながら、一緒にやろうとなる。ところが、一緒になるどころか、国が戦争し、殺し合いをしている。だから、今の子どもたちにもっと世界の人たちと一緒に共同作業をしてほしい。そのためには外国を知らないとだめなわけです。

日本の平和は甘すぎる

日野原　今の日本の学生は勉強をしません。偏差値がよくて、高校を出て医学部に入ると、もう医者になるのは間違いない。医者になると収入もかなりあるし、地位もあるし、週に一回はゴルフもできるし、格好もいいしね。だから入学したら安心するんです。医者になっていろんな人を癒す、地の果てまで行って医療をする志がない。

そういう意味で、私は日本人はやっぱり徴兵検査の代わりのテストをして、元気な人は二年間就職が決まった後に難民のところに行くとか、アフリカに行くとかして、そこで畑を作るとか、農業を教えるとか、井戸を掘るとか、医療や看護をするとか、学校で教えるとかがあってもいい。それを二年間やれば世界がわかるでしょう。それから就職したり、医学を学んだりして勤めればいい。これからの日本をどう考えるかといったときに、日本は平和憲法で軍隊がない。じゃあ攻められたらどうするかといったら、アメリカの核兵器で迎え撃つとなっている。これは平和ではない。日本ほど他国に依存している国はないのです。

ドイツは自分の国は自分で守ろうと決めています。そのかわり他国への攻撃はしないという。ドイツでは軍隊に行くことが嫌な人は老人介護を二年やるんですね。だから、ドイツの老人介護は徴兵に行くのが嫌で従事する人が非常に多くなって、それがなくなったらドイツの介護は終わりであろうというほど、その手によって救われているみたいですね。

スウェーデンも中立国で、守ることには非常に気をつけていて、どこの病院でも手術室は地下室にあります。空襲を受けても手術ができるように。聖路加国際病院は地下鉄サリン事件で六四〇人の患者を一度に受け入れました。何かの災害があれば大勢の負傷者が来ますから、それをすべて引き受けるために廊下も、どこのラウンジもチャペルも壁に全部酸素のカプセルを配備して、そこが病室になるようにしていました。だから、世界から非常に注目されました。

サリンを兵器として持たない国はありません。どの国でも持っています。安くて人を殺す作用がありますから。ただ、それをどこの国も使ったことがないから、聖路加国際病院での救助をみんな見学に来た。聖路加ではそういう事態を考えて設計をしたわけです。ところが、たまたまサリン事件が起こった。サリンの診療所でもサリンの開発者は殺す研究はするけれども、救う研究をしていないから、ある日サリンの診療所からファクスが来て、「どうやって助けるのか」と聞いてきた。サリンをまいた人がガス中毒を起こしているわけです。私も少し同情心があって教えてやろうかなと思ったら警視庁に止められました。

私たちはいろんなことに対して用意をしておくことが必要ですが、日本はその用意がない。戦争はアメリカにやってもらうというのは、これは平和ではありません。そういう意味で、平和憲法は改正して、国内のことだけで国外には出ませんと明言すればいいと思います。マッカーサーと決めた約束があったから、どうしようもないことかもしれませんが、ドイツなどは非常にしっかりしています。自分の国は自分で守る。当たり前のことです。外には攻めていかないことは約束をするというふうにしています。いろんなことを考えると、日本の平和というのは甘過ぎます。

いじめをしない心を教える

磯貝　私自身はマッカーサーを知らない世代なわけですが……。

日野原　マッカーサーのことで補足しましょう。戦争中、Ｂ29から「聖路加病院は爆撃しません」というビラが落ちてきました。ですから、みんな空襲ごとに病院に逃げてきた。ところが、米軍が東京に上陸して、立川に来てから二週間後に、マッカーサーの軍医が来て「二週間のうちに聖路加は撤収して陸軍病院にします」と言ったんです。それで、私たちは病院を全部空けたわけです。一〇年間も。病院は軍部病院になり、ベトナムの兵隊の治療はすべて聖路加の軍病院でしたわけです。

戦争というものは人を鬼にしてしまいます。だから、日本の軍隊でもアメリカの軍隊でも、アメリカはベトナムにあれだけのことをやって、ナチスがあれだけのことをやっている。日本も故意に捕虜を入れて、腸チフス、コレラ、赤痢、ペスト、全部の伝染病を感染させた。一日目にはこうだ、三日目、五日目には熱が出て、一〇日目には発疹ができて、二週間目には意識がなくなって、三週間目には死んでいくという実験をやりました。だから、戦争では科学が発達するわけです。人体実験をする。人を助けるお医者さんが人体実験をするんですね。ナチスもやったし、どこの国も戦争になるとクレイジーになる。戦争というのはどうしても人間を鬼にしてしまうから、絶対に戦争はしてはならない。

そうすると、あとはガンジーの無抵抗主義とか、あるいはキング牧師のような無抵抗主義以外にとる選択肢はない。それを子どもに伝えなくてはならない。大人ができなかったことを子どもにぜひやってほしい。その小さなものとしてはいじめ。だから、いじめを何とかしないようにするという心の態度を子どものときに学べば、将来、戦争に反対することにつながると思っています。

非行少年たちとかかわって

磯貝　日野原先生の話を関西学院の中学部、高等部の千数百名の男子生徒が聞いて、どのようなヴィジョンを自分の胸の中に大きく描いたでしょうか。一人ではできない大きなヴィジョンを隣の友と一緒にかなえようとする、そういう気持ちを描いたと思います。でも、現実の大きな壁、あるいは自分の力のなさにヴィジョンすら描けられない、あるいは一緒に歩こうとする友からすら見捨てられた子どもたちもいる。その子どもたちにかかわられた井垣先生、いかがですか。

井垣　プロフィルを見ていただければわかりますように、私は今年で満六六歳になります。京都大学法学部に入ってまもなくたばこを吸い始めて、四五年間ヘビースモーカーだったために、二年前に喉頭がんで声帯を切り取る手術をしました。したがって、こういう人工声帯を使わないとものが言えなくて、大変聞き取りにくくて申しわけありません。プロフィルの一番最後に、著書には『少年裁判官ノオト』（日本評論社）などと書いてありますが、この半年ぐらい前に出版した著書が、日本では非行少年たちのことはほとんど知られていないために、意外に好評でした。

といいますのは、本日一、〇〇〇人近い方々がいらっしゃいますけれども、お身内に少年院に行った子どもがいる方というのは、まず絶対にいないはずなんですね。法律家である司法修習生たちに初めて会ったときに「君たちで子どものころに悪いことをしたことのある人は手を挙げて」と言いますと、大抵の修習生は「はい」と手を挙げて「僕は万引きで一回捕まりました」とか「僕は無免許運転で注意されました」とかいうふうに、子どものころに一回ぐらいは非行歴のある法律家の方が圧倒的に多くて、また皆さんのお子さんやお孫さんもそういう意味で非常に一過性の軽微な犯罪をする心配はありますけれども、とにかく親子ともに人生を失ってしまうような非常に重大な非行を皆さんのお子さんがなさる可能性は、ジャンボ宝くじに当たる程度の低い確率で、きちんと家庭の中で最小限のコミュニケーションができている限り、子どもというのは重大な非行というのは絶対にしないものです。そういう点では皆さん方も非行少年の実態については全くおわかりにならないだろうと思います。

私自身も約八年前に神戸家庭裁判所へ行って少年事件の担当をするようになるまでは、非行少年のことは全然わからずに、とにかく非常に悪い困った存在で、彼らがいるばっかりに日本社会はだんだん安全ではなくなって、非常にはた迷惑だという程度の悪い印象しか持っていませんでした。ところが、少年審判を約六、〇〇〇件も担当して、要するに非行少年たちを六、〇〇〇人も裁いたわけですけれども、そういう子どもたちは非常にかわいいということがわかった。お手元の資料を出していただきたいのですが、これはある少年院で卒業生の代表が述べた挨拶ですけれども、それを目の端で見ながら私の話を聞いてください。

中学生という身分で少年院まで行くというのは本当に社会的にはとてもワルです。同級生が二百何十万人いるうちせいぜい数百人ぐらいしか中学生の状態で少年院に行くことはありませんので、ある意味では犯罪者のエリートとも言うべき存在です。ですから、普通に考えたら、そういう少年たちは少年院の中で更生するなんていうのはとても信じられないというのが皆さんの普通の考えだと思います。ところが、少年院で半年から一年、長くて一年半ぐらいですね、更生教育を受けるとびっくりするようにみんなよくなります。本当に不思議でたまりません。

少年院の先生たちはある意味、中学生で入ってきた子どもたちに対して相当のリップサービスを行います。つまり、君たちは社会のくずだと思って、気分的に人生に対する期待も何も失って、とても暗い気持ちで来ていると思うけれども、実は我々法務教官は君たちのことを日本の宝だと思っている。君たちのような立場の人間が立ち直って社会で力を発揮してこそ、日本の将来は明るい未来になる。君たちが頑張るかどうかということは、あえて言えばこの日本の社会が安全でよい社会になるかどうかという問題とイコールなんだと。君たちについては、学校の先生たちからも早く少年院に入れてほしいという意見が出されているし、警察からはボロクソに言われているし、裁判官の決定も君のことについてはやはり相当厳しく書かれている。親も君のことについては、とにかくあきれ果てたというふうに書いてある。しかし、少年院の先生である自分たちは、君のことを信用すると。随分洗脳するわけですね。

井垣 康弘 氏
（いがき　やすひろ）
弁護士・元神戸家裁判事

1940年大阪市生まれ。京都大学法学部卒業後、67年大阪地裁判事補となり、大阪地裁判事、福岡家裁判事、神戸家裁判事等を歴任。神戸市で起きた連続児童殺傷事件の審理を担当。05年退官、弁護士を開業。著書には『少年裁判官ノオト』（日本評論社）等。

中学生で少年院に入ってくる子どもたちは、実は小学校の三年生、四年生段階から勉強が全然わからないまま放ったらかしにされて、五年間いわば社会的にいじめられ、差別され続けた結果、非行少年に成長して少年院に送られるというプロセスをたどっているわけです。

しかしながら、少年たちには子ども同士が教え合うということも活用しながら、一生懸命勉強に取り組ませます。そうすると、驚いたことに、あっという間に国語の読み書きができて、算数もできて、おそらく数カ月から半年で子どもたちは「僕たちもやればできるんだ」ということを知るようになります。そうして、勉強ができたということの自信を背景に、それぞれが自分なりの人生を設計し始めて、本当に何とかやり直せるという手ごたえを感じて卒業式を迎えます。

担当裁判官として少年院に何回も面会に行くと、とにかくもう社会的には本当にくずとしか言いようのない子どもたちが、これほど見事に立ち直るのかと思って本当に心から感動をします。そういうことが『少年裁判官ノオト』にはびっしり書いてありますので、読んでいただいたら、日本の子どもたちも大したもんだということで親としてはすごい自信が生まれるだろうと思います。

ただし、中学生で少年院へ行った子どもたちが少年院を出てから後、五〇年、六〇年という人生を立派に送っているのかというと、それは必ずしも楽天的には言えません。やはり中学生の身分でありながら少年院まで行った子どもたちに対する偏見、社会的な差別の感情は極めて強いものがありまして、そう簡単にはその後の人生を全うできていないのが現実です。

親、教師、地域が共同で教育する

井垣　そうだとすれば、私などが考えますには、小学校三、四年生レベルで勉強がわからないままにして放っておいて、そして中学二、三年生になったら非行に走るしか生きがいを感じられないというふうな子どもたちをつくらないように、何とか社会が頑張ることが大切だろうと思うわけです。もちろんそのためには、小学校の教師の数を増やして、大体一〇％はいると言われる勉強についていけない子どもに対する特別な授業とか、補習とかをしてもらえれば、学力が向上することは目に見えているわけですが、税金を投入して学校の先生の数を増やすだけでは十分ではないだろうと思います。

そういう子どもたちに対する補習は、学校の教師もやってもらってもいいわけですが、地域に住んでいる子どもたちの親も先生と協力しながら、放課後に無料の学習塾、現代版の寺子屋ですけれども、そういうものを地域に数多くつくって、大人たちが場所を提供できる人は場所を提供する、週に一回ボランティアとして勉強を見てやれる人は勉強を見てやっていただく。そこに学校の先生たちも加わっていただくというふうな地域に寺子屋をいっぱいつくって、そこで大人と子どもが一緒に学び、教え、また遊ぶというようなことが日本中でできたら、大人と子どもの世代間のコミュニケーションもできるし、子どもを育てる喜びも感じることができる。親は自分の子どもとだけ対面していると、親の欲目もあって必ずしも十分なコミュニケーションができない場合が非常に多いと思います。よその子どもと一緒に遊ぶことによって、子どものことも客観的にわかり、話題も増えて親子のコミュニケーションもできるだろうと思います。

こういう提案を最近し始めたわけですが、提案をすることについては日野原先生のご活躍が大変参考になりまして、私も平均寿命でいうともう一〇年ちょっとしかないわけですが、日野原先生を見ているとあと三〇年は絶対間違いなく社会奉仕ができるし、日野原先生の年齢で子どもたちとこんなに話し合おうとしていらっしゃることを考えると、私などまだ六六歳の人間が、例えば弁護士事務所兼自宅の我が家を開放して、地域の子どもたちに来てもらって、ピンポンをしながら遊んだり勉強を教えたり、何とか地域の子どもとの接点をつくっていきたいなというふうに、やってみようかなという元気をいただきました。どうもありがとうございます。

磯貝　最近のニュースや、今の井垣先生の話を聞かれて、お子さんをお持ちの方々は、自分の子どもは少年院には行かないだろうと思われているかもしれませんけれども、絶望するということは誰しもあると思います。努力をすればするほど、あるいは周りから努力をしろと言われれば言われるほど自分に絶望し、乗り越えられない力に落胆することもあると思います。

私は、日野原先生にお会いしたのは今日が初めてですが、テレビでこういう場面を見ました。日野原先生が病室に入っていかれた。すると、一人の老人が寝ている。看護婦さんが「先生が来られましたよ」と起こそうとしますが、ただ起こされるから起きる。「どうですか?」と日野原先生が聞かれたときに、「もういいです」。何歳の方かはわかりませんけれども、「もう年ですから」。

するると、日野原先生はどう言われたかというと、先ほどと同じことを言われた。「私は一〇月五日に九五歳になる。小澤征爾さんと一緒にシンフォニーを開かなきゃいけない。『放浪記』も見なくちゃいけない。まだまだあと一〇〇歳までは」と。すると、その方はふっと日野原先生の方を見られた。別に目の色が変わったわけではない。「はあ、どういう人なんだろうか」というふうに。そのときに日野原先生が何をされたかというと、手で胸の方を押さえられた。「大丈夫ですよ。まだまだ」。そしてその方の左肩を両手で持って「まだまだ、一緒に歩きましょう」と言われた。

私はそれを見たときに、「こどもに命の大切さを伝える」ということは、とても伝え切れるものではないと思いました。子どもはわかっているのです。でも、全身でもって自分のものになっていない。出会いが必要だと思うのです。人と人との出会いが。その病室に横たわったお年寄りは、日野原先生が肩を抱いて、「もう少し頑張りましょう」と言ったときにうなづいた。そのうなづきが、ある意味では少年院に行ってしまった子どもたちにもいろんなことがあったはずです。殺そうとして殺したわけではないし、グループから外れようとして外れたわけではないけれども、排除されて、そして自分からすーっと隠れるようにして退いて、結果としては戻れなくなり、突き進む以外になく、犯してしまった。見えるものすべて絶望だった。そのときに、今、井垣先生がおっしゃられた初等少年院の卒業

磯貝 暁成 氏
（いそがい　あきなり）
関西学院初等部長就任予定者
1948年京都市生まれ。75年同志社大学神学研究科修士課程修了後、静岡英和女学院中学校・高等学校教諭、05年同副校長、常任理事。06年から関西学院初等部設置準備室副室長。著書には「わたしたちの新約聖書」(日本基督教団出版局)等。

式のときに「ここからやり直せる自分を感じた」。この言葉は非常に私には印象的でした。具体的に何ができるとかいうのではなくて、今までは自分の目の前にあるすべてに絶望していたけれども、その先に何かがあるということを自分自身が信じられるようになった。そういうふうに感じました。

日野原先生は、子どもたちは命を感動できる心を持っていると言われましたが、日野原先生はそれをどこで感じられましたか。『十歳のきみへ』を書かれたときに、子どもたちはどこで生きることに感動したのでしょうか。

自然に力を発揮できるように支える

日野原　子どもの目を見ると、瞳にはやはり心の窓があるのです。ですから、人と話をするときに目を見ないとだめです。その目を見るときに、上からこういって「どう?」というのではだめです。座って姿勢を患者さんと水平にして目を見ると声が届く。気持ちまで、窓が開くというわけです。ですから、私のメッセージが伝わったなと目が答えてくれます。

そして同時に私は手を握ります。私の手は絹の手のように柔らかい（笑）。オリーブ油を三〇年、四〇年飲んでいますからね。それと声もね。甲高い声ではないですね。甲高い声の人というのはちょっと疲れてしまいますね。ですから、声の調子を合わせながら、手もタッチをするということ。私が「立ってごらんなさい」と言うと、半年立てなかった高齢の女性が立ち上がったことがあります。その人は「先生の誕生日には先生の好きなバラを、パジャマもバラの柄のものを取り寄せて、先生の回診のときには立ってみる」と言った。そうして、私は少し支えるようにしていますと、立派に立ち上がって、自分で立ち上がったことに対して非常に感動していた。

ですから、できないといって捨ててしまうのではなく、逆に引っ張り上げるのではなく、支え合えるような気持ちでタッチをすると、その人の力はそこに出てくる。全身でタッチをするんですね。ただ女性の場合にはやっぱりある程度の距離を置いた方がいいですが（笑）。その辺が難しい。だから、あまり短時間にやろうと思うと無理ですから、「また来ますからね」といって段階をつくるというような順序はやはり必要です。

「医学はサイエンスに基礎を置くアートである」と言います。シュバイツァーは、医学はサイエンスに基礎を置く人と人との関わり合いの術であると言っています。術というのはアートと言えます。ですから、物理や数学ができるから医学に向いているというのは間違いです。ヒューマンな心のコミュニケーションができることが臨床医になるためにはまず必要であって、そこにある程度のサイエンス、あるいは機械とか道具というものを上手に使えればいいわけです。一般のこの子は理科志向で医者だというのは間違いです。どうか皆さん、関西学院に入ってきて非常にアートが秀でているときに、初めから芸術家になれとか言わないでください。人間にタッチする職業に非常に向いているのですから。職業を決めるのに、偏差値でここに行きなさいというのは決してよくない。関西学院でもそういうタッチをやはり勉強することが必要じゃないかと思います。

磯貝　井垣先生、もうすべて自分で自分を見捨ててしまった子どもたち、少年院に来たり審判を受ける子どもたちが、もう目線は全く合わせませんね。そして下を向いて「うるせー」で終わってしまうかもしれない。「関係ないだろう」で終わってしまうかもしれない。その子どもたちがキラッと輝くときというのは、どういうきっかけですか。

まず大人が子どもに対して豊かな感情を持つ

井垣　私は六、〇〇〇人もの子どもたちの審判をしたと言いましたが、少年たちは実は家庭裁判所の裁判官の前で審判を受ける段階で既に半ば変わりつつあります。それはやはり子どもたちの目ですね。事件の記録を見ますと、犯罪を行った直後の少年たちは大体みんな茶髪にピアスで、眉毛をそって、それはともかくとして目つきが全員、みんな暗い。写真なんですが、非行少年たちは全員目つきが非常にどんよりと暗いですね。それが少年鑑別所に入って、わずか四週間ですけれども、一生懸命自分を見つめているうちに一部の子どもたちの目つきはもう既に輝き始めます。審判でも裁判官と目を合わせて、自分なりの決意をある程度語ることができるようになっています。

そういう状況をも確認した上で、例えば中学生を少年院へ送ったときには、裁判官は例えば半年後のその子に会うのがとても楽しみで少年院に行きます。そうすると、ほとんどの子どもはまず目つきが、もう明らかに審判のときよりもはっきりと輝いている。目つきだけじゃなく顔つきや体つき全体が非常に輝いている。何が少年たちをそう変えたかといえば、少年院の教官だけではなく、裁判官や調査官や付き添いの弁護士もそうなんですが、「確かに君たちは悪いことをした、だから、少年院に行ってもらう必要もある。しかし、そうかといって我々は君の人生や、君が今後努力するであろう、頑張ってくれるであろうことまで否定するつもりは全くない」というメッセージをみんなで一生懸命送るわけです。

その集大成として少年院の教官たちが「君たちは我が国の宝だ」ということで、とにかくそれまで誰もが与えることができなかった大人としての愛情を子どもたちにしっかり伝えるわけです。それが子どもたちの心をやはり刺激して、半分本気にさせて、僕たちがこれからやり直したら本当に日本の宝になれるかもしれないと、子どもですから半ば本気でそう思って立ち直っていくのです。

そういう点では、子どもに対してはまず大人の側が子どものことを思いやる豊かな感情を持って接することができるかどうか。それが勝負どころです。子どもの問題ではなく、大人の側の問題だと思います。

磯貝　自分が自分を見つめる時間が今までになかったということですか。

井垣　いやいや、実際には小学校三、四年生の勉強がわからないにもかかわらず、学校から教えてもらうこともできず、親には放ったらかしにされ、もちろん本人も努力しなかったわけですけれども、自分のイメージがそれでどんどん悪くなる一方で、誰もそれを助けてくれなかった。犯罪をして捕まって初めて、社会から優しく対応されたというのが実情ですけれども、それではあまりにもむごいだろうと私は思うわけです。

耐えることが必要

磯貝　日野原先生、相手の痛みあるいは苦しみ、悲しみ、もちろん喜びもそうですけれども、昔は一緒に喜んだり、一緒に悲しんだり、一緒に悩んだ、そういう時間がありましたけれども、今はどうでしょうか。

日野原　今はやはり耐えるということをだんだんしなくなった。いろんな苦しみや苦難に耐える。あるいは病気に耐えるといった経験をね。何でも短い時間で解決しようというふうに、世の中が忙しくなると結論ばかりを急ぐ。ゆっくり、じーっと耐えることがなくなった。笹の上に雪が積もっていますね。その笹は春を待ち、だんだん笹の雪がとれます。そうすると、しおっていた笹がだんだん上がりますね。あの春を待つ、それまでは我慢するという気持ちが病む人にも少なくなっています。苦難を経験した人はじーっと待ちます。

時というのは人間にとっては癒しの力を持っています。私たちはいろんなショックを受けます。それでも私たちは時間というすばらしい授けを持っているので、じーっと待っているとだんだん雪が溶けて、その笹がずっと頭を上げるように耐久性は実を結ぶのです。

だから、病気で苦しんでいる人をケアする看護婦さんやお医者さんは、あまり健康な人は向きません。患者の気持ちがわからないんですね。痛いという経験をしたことのない医師や看護婦が、歯が痛いということを経験したことがない看護婦、医学生のほうが多い。今、予防的にフッ素を塗ったりして予防しますからね。

私の子どものときの一番悲しい経験というのは、虫歯です。どんよりした二月のあの空を見ると子どものときのあの痛さを思い出します。ところが、野球をしようと誘われるでしょう。そして野球をする

と歯の痛みがなくなるのは、虫歯がよくなるからではありません。痛い感覚というのは、悲しい感覚を持っているとその痛みは何十倍にも増します。逆に楽しいことがやってくると痛みの感覚は少なくなります。そのときに一緒に痛みを感じてくれる人がいると、痛みを分かつことができます。

「ともに悲しめば悲しみは半分になる。ともに喜べば喜びは二倍になる」というドイツの言葉があります。「ともにある」ということが解決法なのです。だから、信仰のある人は「辛いけどイエス様が私とともにいてくれるんだ」と思って癒される。これは信仰の力です。ですから、見舞いに行くには元気な人で腕っぷしの強い人が「おい、どうや」というような言い方ではだめです。

私は医師やナース、医療従事者は死なない程度の病気をやった方がいいと思っています（笑）。経験しないとわからない。非常によくできる人が、受験に失敗をしたと聞いても、わからない。「あいつは要領が悪いんだな」とか思うわけです。私は、比較的とんとん拍子に関西学院から、三高に行って、京都大学に進みました。京都大学に入るのは、三高の理科でも一六人受けて四人しか入らなかった。みんな浪人するんですね。私はトントンといきましたが、三高を受けたときに、友達が「合格の掲示は夜に張り出すから、君の代わりに見てやる」といって、夜の一〇時ごろに電話をくれることになった。そして、「日野原君の番号はリストになかった」と言うのです。私は生涯であれほど泣いたことはない（笑）。絶対に合格だと思っていたので、きっと採点した先生が間違っているんだと思った。一晩中泣きました。それで朝になって、どうしようかなと思って、三高がだめだったら関西学院の文学部でも行こうかなと思っていたら、「合格おめでとう」という電報が来た。誤報だったわけですね。だから、私はとんとん拍子でいっても落ちた実感を持っているから、落ちた人の気持ちはよくわかるんですね（笑）。

ですから、何か失敗をするとか苦難を受けることはマイナスだけじゃなくて、感性を非常に深くします。人間として耐えることで。だから私は新老人の会には老人になってからでも愛を忘れるなと言っています。やったことのないことを八〇歳になってもやりましょうと。耐えることによって一人しかいない孫を失ったというそういう悲しみをすることによって、老人はさらに成熟をするのだと。だんだんこのごろは耐えなくなって、簡単に諦めてしまうようになった。やはり時間が必要ですね。

磯貝　「耐えることが必要だ」と言う話でした。でも私たちはなかなか耐えられないものです。そして、待つことが必要だとおっしゃいましたけれども、私自身がちょうど三〇年間、中学生、高校生と一緒に過ごしてきて感じたことは、待つことでした。私たちは実際何もできないです。代わることもできない。でも、できることはたった一つだけある。待つこと。一緒に待つこと。早くても遅くてもだめ、一緒に歩いて待つこと。すると、必ずその子どもは頭ではわかっていますから、それを体で感じるときが来る。それが中学、高校では私は遅いと感じたんです。中学、高校では自分に出会うのが遅い。小学校にこそ自分に出会う時間が必要だと。最後に短く一言、先生方、初等部に言葉をください。

井垣　日野原先生も私も六人きょうだいで、昔は子どもが六人もいると親はとにかく忙しくて大変でした。しかし、今は大抵が一人っ子だから、昔に比べると親としては随分暇を持て余しているはずです。そこで、私は自分の子ども一人だけを相手にせずに、まとめて近所の子どもも面倒見てもらう。あるいは、同じ学校に通う同級生もまとめて二、三人は面倒見ていただく。こんなふうに発想を変えてもらったら学校や地域と協力し合って、とても安心できる子育てができるだろうと思います。これは非行少年に関わってみて確信しましたので、どうかご協力をお願いしたいと思います。

磯貝　初等部に来る子どもたちだけではなくて、地域を受け入れる、地域の器になる初等部になりたいと思います。

日野原　今一人っ子が圧倒的に多いですから、同じ学年だけでなく、上下の学年と一緒に作業をする時間を学校で持って、その作業に出ることでお姉ちゃんになるとか、妹になるとか、お兄さんになるといった体験が必要だと思います。

それから、家ではやはり向き合って子どもにどう感じているかなということを「こうでしょう」というふうに親が言わないで、「どう、これ好きなの？」。「好き」。「どうして？」と理由づけを小さいときから考えるようになればいい。「だって、ママが好きだから私もバラが好きだよ」と言うかもわからないしね。大人がただ引っ張り上げるのではなく、何か自分で持っているものを上手に言語化するようにする。「もうだから言えないんだよ」「とにかく好きだよ」とかでもいい。言葉というものは人間に与えられた貴重な材料ですから。

ソクラテスは「医者もまた言葉を使う職業だ」と言いました。だから、薬を使うのではなく、言葉や会話にも人を癒す力がある。ですから、言葉というのは親子の間でもっと大切にしなくてはいけない。大切にその子どもの名前を呼んだり、子どものプライドを傷つけることがないように大切にするというふうな配慮で子どもに対応することが私は必要だと思いますし、学校ではぜひ一緒に交じって作業をすることをやってほしいと思います。一緒にキャンプなどに行くのが一番いいと思います。

磯貝　ぜひキャンプに行きます（笑）。もう時間もまいりました。今日はお見舞いの仕方まで教えていただきまして（笑）、お疲れだと思いますのでこれで終わりたいと思います。ありがとうございました。

※このりぶれっとは、二〇〇六年九月二七日、関西学院大学にて開催されたシンポジウム「こどもに命の大切さを伝える」の記録を補正したものです。

【著者紹介】

日野原重明（ひのはら・しげあき）
1911 年生まれ。聖路加国際病院理事長。

野田正彰（のだ・まさあき）
1944 年生まれ。関西学院大学教授。比較文化精神医学。

井垣康弘（いがき・やすひろ）
1940 年生まれ。弁護士、元神戸家裁判事。

磯貝曉成（いそがい・あきなり）
1948 年生まれ。関西学院初等部長就任予定者。

K.G. りぶれっと No.16
こどもに命の大切さを伝える

2007 年 2 月 15 日初版第一刷発行

著　者　日野原重明・野田正彰・井垣康弘・磯貝曉成
制作協力　関西学院広報室
発行者　山本栄一
発行所　関西学院大学出版会
所在地　〒 662-0891　兵庫県西宮市上ケ原一番町 1-155
電　話　0798-53-5233

印　刷　協和印刷株式会社

Printed in Japan by Kwansei Gakuin University Press
ISBN 978-4-86283-009-8
乱丁・落丁本はお取り替えいたします。
http://www.kwansei.ac.jp/press

関西学院大学出版会「K・G・りぶれっと」発刊のことば

大学はいうまでもなく、時代の申し子である。

その意味で、大学が生き生きとした活力をいつももっていてほしいというのは、大学を構成するもの達だけではなく、広く一般社会の願いである。

研究、対話の成果である大学内の知的活動を広く社会に評価の場を求める行為が、社会へのさまざまなメッセージとなり、大学の活力のおおきな源泉になりうると信じている。

遅まきながら関西学院大学出版会を立ち上げたのもその一助になりたいためである。

ここに、広く学院内外に執筆者を求め、講義、ゼミ、実習その他授業全般に関する補助教材、あるいは現代社会の諸問題を新たな切り口から解剖した論評などを、できるだけ平易に、かつさまざまな形式によって提供する場を設けることにした。

一冊、四万字を目安として発信されたものが、読み手を通して〈教え―学ぶ〉活動を活性化させ、社会の問題提起となり、時に読み手から発信者への反応を受けて、書き手が応答するなど、「知」の活性化の場となることを期待している。

多くの方々が相互行為としての「大学」をめざして、この場に参加されることを願っている。

二〇〇〇年　四月